# LETTRE CIRCULAIRE

DU

## VICE-SUPÉRIEUR

DES

# FRÈRES DE LA SAINTE-FAMILLE

AUX MEMBRES DE CETTE CONGRÉGATION,

*Pour leur annoncer la mort de leur Fondateur*
*et Supérieur-Général,*

## Le Révérend Frère GABRIEL TABORIN.

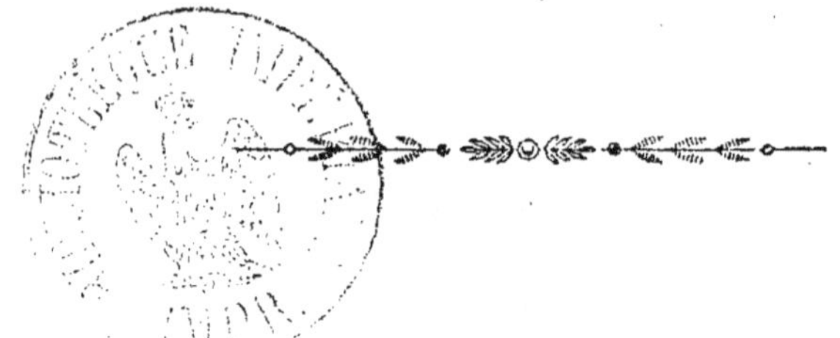

**BELLEY,**

C. LEGUAY, IMPRIMEUR.

—

1864.

# LETTRE CIRCULAIRE

DU

VICE-SUPÉRIEUR

DES

## FRÈRES DE LA SAINTE-FAMILLE

AUX MEMBRES DE CETTE CONGRÉGATION,

*Pour leur annoncer la mort de leur Fondateur
et Supérieur-Général,*

## Le Révérend Frère GABRIEL TABORIN.

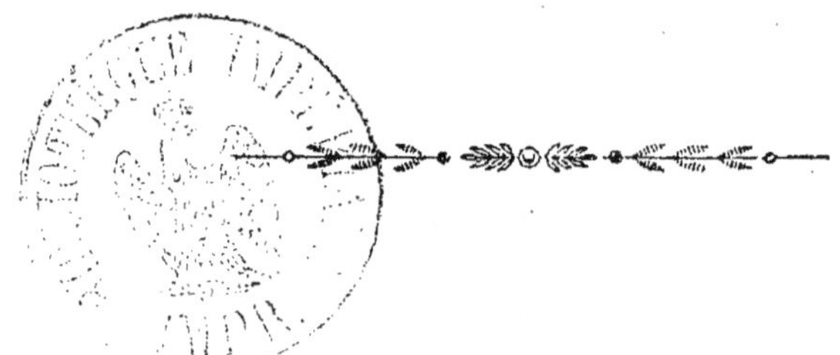

BELLEY,

C. LEGUAY, IMPRIMEUR.

—

1864.

# REQUIESCAT IN PACE.

# LETTRE CIRCULAIRE

## DU

## VICE-SUPÉRIEUR DES FRÈRES DE LA SAINTE-FAMILLE

### AUX MEMBRES DE CETTE CONGRÉGATION,

*pour leur annoncer la mort de leur Fondateur et Supérieur-Général,*

## Le Révérend Frère GABRIEL TABORIN.



TRÈS-CHERS ET BIEN-AIMÉS FRÈRES,

Hélas! nous voilà orphelins! La mort vient de nous ravir notre bien-aimé Fondateur et Supérieur-Général. Pourquoi essayer de retenir nos larmes à la vue d'une si grande perte, à la pensée qu'il n'est plus, ce bon Père, que nous aimions si tendrement et qui nous entourait lui-même de tant d'affection? C'est jeudi dernier, 24 novembre, qu'il a rendu son âme à Dieu, après avoir reçu, avec les sentiments de la plus touchante piété, tous les secours spirituels que la Religion procure aux mourants. Sa fin a été celle du juste, et si notre âme accablée de douleur peut recevoir quelque consolation, ce n'est qu'à la pensée que le vénérable Fondateur de notre Congrégation est au ciel, où il ne nous oubliera pas.

Cependant, très-chers Frères, comme il est bien difficile, même après la vie la plus pure, d'arriver au séjour des Saints sans passer par les flammes expiatrices du purgatoire, empressons-nous d'offrir à Dieu de ferventes prières afin de hâter, s'il n'est déjà venu, le moment où notre Père sera reçu dans le lieu de la lumière, du rafraîchissement et de la paix. Notre Règle ( N<sup>os</sup> 627 et 630, 2°, 3° et 4°) vous trace les devoirs que vous avez à remplir en cette douloureuse circonstance.

A la mort de chacun de nos confrères, vous avez reçu une circulaire retraçant les principaux traits de sa vie. Notre vénéré Père se faisait un devoir de payer à chacun d'eux ce tribut d'affection. Aujourd'hui qu'il est de mon devoir de payer le même tribut à sa mémoire, je voudrais pouvoir m'en acquitter d'une manière qui ne fût pas trop indigne de lui. Si ma faiblesse s'y oppose, il a toujours été si bon qu'il voudra bien encore, comme vous, très-chers Frères, user d'indulgence envers moi et me tenir compte de ma bonne volonté.

Notre Très-Révérend Père Supérieur-Général et Fondateur, le Frère GABRIEL ( GABRIEL TABORIN ), naquit dans les montagnes du Haut-Bugey, le 1<sup>er</sup> novembre 1799. Il fut le cadet d'une famille profondément religieuse, qui jouissait d'une modeste aisance. Il reçut au baptême le nom de Gabriel, nom qui, dans le langage de l'Écriture, signifie *homme de Dieu :* la suite de sa vie montrera s'il a démenti son nom.

Dès ses plus tendres années, il eut pour précepteur le curé de sa paroisse, qui remarquait avec bonheur dans cet enfant un air gracieux et intelligent et un excellent naturel. Dans la pensée de ce pieux précepteur, le jeune Gabriel devait être un jour la gloire de sa famille et procurer le salut de beaucoup d'âmes ; aussi prenait-il un soin tout particulier de son éducation. C'est à l'église, devant le saint autel, qu'il le conduisait pour lui donner ses leçons, et en même temps qu'il lui enseignait les éléments des sciences, il jetait dans son âme la semence de cette foi qui a brillé ensuite d'un si vif éclat et a dirigé toute sa conduite.

Cette éducation si éminemment religieuse et les bons exemples qu'il recevait dans sa vertueuse famille, ne tardèrent pas à porter leurs fruits. On vit le jeune Gabriel, indifférent pour les amusements de son âge, ne montrer de goût que pour les pratiques de piété et les cérémonies de la religion. On se plaisait à le voir construire de petits oratoires, devant lesquels il répétait les chants et les cérémonies de l'Eglise. Les autres enfants abandonnaient leurs jeux pour entendre les petits discours qu'il leur adressait à la manière des prédicateurs. Déjà il commençait à exercer cet ascendant dont il devait se servir plus tard avec tant d'efficacité pour la gloire de Dieu et le bien des âmes. Les esprits pénétrants découvraient en tout cela les indices d'une vocation particulière.

Ses heureuses dispositions pour la piété se développaient avec l'âge, et tout en lui prenait un caractère plus prononcé pour le bien. Il se livrait assidûment à la lecture de la vie des Saints, s'attachant toutefois avec une prédilection particulière à ceux qui ont suivi la carrière religieuse. Il n'avait pas moins d'attrait pour la prière ; cet attrait était si grand qu'il récitait souvent jusqu'à quinze fois le chapelet dans un jour, et toujours avec une nouvelle ferveur.

Tout ce qui se rapporte à la religion était cher à son cœur ; aussi était-il heureux d'assister aux catéchismes de la paroisse et n'en manqua-t-il jamais un seul. Admis à la première communion à l'âge de onze ans, il s'y prépara avec l'ardeur d'une âme qui, depuis longtemps, était toute à son Dieu. Ce beau jour laissa dans son cœur les plus doux souvenirs, des souvenirs ineffaçables, ainsi qu'il nous l'a souvent exprimé. Il avait déjà donné tant de preuves de ses talents naturels, son instruction religieuse était si avancée et sa piété inspirait tant de confiance, que le curé de la paroisse ne craignit pas de le charger, pendant la retraite qui précéda sa première communion, de faire à ses condisciples, dans l'église, des entretiens religieux aux heures laissées libres par les autres exercices. Après sa première communion, il continua de suivre exactement les catéchismes, pendant deux ans qu'il demeura encore dans sa famille avant d'aller faire ses études. Il eût préféré perdre tout au monde plutôt que d'y manquer une seule fois.

Ses parents, qui le destinaient à l'état ecclésiastique, le placèrent dans un pensionnat primaire à St-Germain-de-Joux, et un peu plus tard, dans un autre pensionnat à Châtillon-de-Michaille, où il fit ses premières études de latinité. C'est là qu'une pensée sérieuse s'empara si fortement de son esprit qu'elle dominait tout son être. Elle le poursuivait sans cesse, pendant les études et les classes, au milieu du bruit des récréations, le jour comme la nuit, et elle ne lui laissait point de relâche. C'était, pour employer ses propres expressions, « la pensée d'embrasser un genre de vie qui unit aux exercices de la vie religieuse l'éducation de la jeunesse, le soin de

décorer les saints autels et les autres fonctions secon-
daires du culte. » Il se sentait entraîné vers cette vocation par un attrait irrésistible. Plein d'une vive confiance
en la Providence divine, il montrait déjà cette fermeté
de caractère sans laquelle on ne fait rien de sérieux et
de durable.

Après avoir pris un temps convenable pour examiner
sa vocation, il quitta le collége et retourna auprès de ses
parents, afin de préparer les moyens de la suivre. En
attendant leur consentement, il remplit, dans sa paroisse,
les fonctions d'instituteur, de chantre et de sacristain,
fonctions modestes, à la vérité, mais que sa foi éclairée
lui rendait si grandes qu'il les eût préférées aux premières dignités du monde.

Il fit preuve d'une rare aptitude pour l'enseignement,
et montra qu'il possédait au suprême degré l'art si im-
portant pour l'instituteur de s'attacher ses élèves. Nous
avons rencontré plusieurs de ceux qui fréquentèrent son
école ; ils sont unanimes à assurer qu'ils conservent de
leur ancien maître le meilleur souvenir. Tout en donnant
ses soins à l'enseignement des sciences humaines, il
s'attachait particulièrement à celui de la religion, et,
outre l'explication quotidienne du catéchisme, il faisait
toujours à ses élèves, le soir, avant de les renvoyer,
une exhortation ou une instruction sur leurs devoirs.

Ses parents, qui n'avaient pas perdu l'espoir de le voir
reprendre ses études pour l'état ecclésiastique, s'oppo-
saient avec fermeté à ce qu'il embrassât l'état religieux.
Cependant, comme ils avaient des sentiments profondément chrétiens, ils finirent par lui donner leur consentement, dans la crainte de s'opposer à l'accomplissement
de la volonté de Dieu, et ils lui facilitèrent même le
moyen de suivre sa vocation.

Mais les congrégations religieuses étaient rares alors, et ce pieux aspirant ne savait où porter ses pas, surtout pour en trouver une dont le but fût l'exercice des fonctions qui avaient pour lui un si grand attrait. Dans la perplexité où le jetait cet embarras, il recourut à la prière avec une sainte ardeur et une persévérance que rien ne put rebuter.

Mgr de Chamont, alors évêque de St-Claude, ayant entendu parler de la piété et des vertus du jeune Taborin, le fit appeler auprès de lui et l'attacha à son service; mais, après l'avoir bien examiné, persuadé que Dieu voulait s'en servir pour jeter les fondements d'une congrégation religieuse, il l'encouragea à se préparer à l'exécution de cette œuvre.

Il était donc proche, le moment marqué pour l'accomplissement du vœu le plus cher au cœur de ce jeune homme. Il vint en faire part à sa famille. De nouvelles objections lui furent faites, de nouveaux efforts furent tentés pour le retenir; mais, sollicitations de ses amis, larmes de ses parents, tout fut inutile; son parti de se consacrer à Dieu dans la vie religieuse était irrévocablement pris; il resta inébranlable. Après avoir reçu la bénédiction des auteurs de ses jours, il alla se prosterner devant le saint autel pour demander aussi celle de Notre-Seigneur; il y demeura longtemps, versant un torrent de douces larmes au souvenir des grâces qu'il avait reçues dans ce lieu sacré, et des fonctions qu'il y avait remplies avec tant de bonheur; ensuite il se mit en devoir de se rendre où la voix de Dieu l'appelait.

Depuis quelque temps, son projet était connu, et plusieurs jeunes gens parlaient de s'unir à lui pour commencer une communauté religieuse. Cinq d'entre eux furent admis à prendre l'habit religieux en même temps que lui. Cette cérémonie eut lieu au mois d'octobre 1824, à la suite d'une retraite, dans l'église des Bouchoux, paroisse du diocèse de St-Claude, voisine de celle de Belleydoux. Rien ne pourrait exprimer la joie intérieure qu'éprouva le frère Gabriel en ce jour où il s'offrit tout entier en sacrifice au Seigneur. Il aimait à en parler, et c'était toujours avec attendrissement.

Aussitôt après sa prise d'habit, il retourna à St-Claude, avec ses confrères, pour prendre la direction des écoles de la ville et remplir la fonction de sacristain de la cathédrale. Tout marcha bientôt à la grande satisfaction de Monseigneur, de son clergé et de toute la population. On voyait avec plaisir s'élever dans cette ville une institution dont on appréciait déjà l'utilité pour la religion et pour l'éducation des enfants du peuple. Mais cette œuvre devait, comme toutes les œuvres de Dieu, passer par le creuset des épreuves, et le moment était venu pour elle de commencer à les subir.

Les cinq compagnons du frère Gabriel, rebutés par ce qu'il y avait de pénible dans leurs fonctions, l'abandonnèrent. Cette désertion le mit dans l'impossibilité de continuer son entreprise. Il se résigna humblement à la volonté de Dieu et dit : « Si cette œuvre vient de moi, ce sera une œuvre mort-née ; mais si elle vient de Dieu, il saura bien la soutenir et la faire prospérer. »

Il y avait alors à Jeurre, paroisse peu distante de St-Claude, une population égarée par les fausses doctrines d'un prêtre constitutionnel qui s'y était retiré. Monseigneur, qui connaissait le zèle du frère Gabriel, le chargea de la tâche délicate de la ramener à la fidélité due au pasteur légitime. Le succès de sa mission fut complet et dépassa toute espérance. Cette population qui, naguère, fuyait précipitamment dès qu'elle voyait son curé se disposer à lui adresser la parole de vie, accourut avec empressement, chaque soir, aux instructions du Frère, déposa peu à peu ses préjugés et devint bientôt un troupeau docile et fidèle.

Pendant son séjour à Jeurre, le frère Gabriel n'oubliait point l'objet de la pensée de toute sa vie. Etant parvenu à réunir six nouveaux aspirants, il les conduisit à Courte-Fontaine, où Monseigneur lui céda une maison pour y former le noviciat de la petite communauté. Mais bientôt il dut se résigner à voir une seconde fois son œuvre anéantie.

Cependant, fort de la pureté de ses intentions et des preuves qu'il avait que sa vocation venait du Ciel, il ne renonça point à sa mission. Mais il lui sembla qu'il était appelé à transporter sa tente dans son diocèse natal; il avait un pressentiment que Dieu y bénirait ses efforts. Il prit donc ses mesures pour l'exécution de ce projet, bien qu'il lui en coûtât de quitter un diocèse où il avait constamment reçu les témoignages les plus précieux de sympathie et de bienveillance.

C'était en 1826, le diocèse de Belley venait de renaître et s'organisait rapidement sous l'intelligente et laborieuse administration de son illustre Evêque, Mgr Devie. Le frère Gabriel se présenta à lui pour lui faire part de ses dispositions et de son dessein; il lui raconta les essais qu'il avait tentés, les épreuves qu'il avait subies, le courage dont il se sentait animé. Le vénérable prélat avait trop de sagesse et de lumière pour ne pas accueillir un tel projet. Il lui dit que de plus grandes épreuves encore viendraient, dans la suite, traverser son œuvre, et qu'il fallait s'y préparer et persévérer malgré toutes les entraves que l'ennemi du bien lui susciterait. Il lui promit aide et protection, et cette promesse a été tenue fidèlement; aussi Mgr Devie occupera-t-il toujours le premier rang parmi les protecteurs de la Congrégation de la Sainte-Famille.

En attendant le moment favorable pour former une communauté, le frère Gabriel fut envoyé par Monseigneur successivement dans plusieurs paroisses, pour y catéchiser. Il se livra à cet exercice avec un zèle qui fut couronné des plus heureux succès. Il aimait à faire donner toute la solennité possible aux premières communions, auxquelles il préparait les enfants par des retraites, qui produisaient toujours des fruits abondants.

Tout en exerçant ainsi son zèle infatigable, il appelait de ses vœux le jour où la Providence lui fournirait les éléments nécessaires pour recommencer son œuvre avec plus de succès, et en même temps, il s'humiliait devant Dieu et devant les hommes, répétant souvent qu'il n'avait ni les vertus ni les talents nécessaires pour tenter de nouveau une telle entreprise. Quelquefois, dans ses moments de loisir, il s'occupait à tracer un projet de règles pour sa future association, et à chercher un local propre à en devenir le berceau.

Ses vues s'arrêtèrent enfin sur une maison située à Belmont, dans le Valromay. Il l'acheta et vint en prendre possession dans les premiers jours de novembre 1829. Il fut accueilli de la manière la plus bienveillante par la respectable famille de Lauzière, qui, depuis, le protégea toujours, et lui prouva, par un véritable dévouement, en mille circonstances, combien elle avait à cœur la réussite de cette œuvre.

En attendant qu'il plût à l'Esprit saint de conduire quelques novices vers ce lieu destiné désormais à les recevoir, il y ouvrit un pensionnat, et la maison fut bientôt remplie. Peu de temps après, survinrent les évènements politiques

de 1830. Le clergé semblait être menacé d'une persécu-
tion générale, et le temps n'était guère propice pour
former une maison religieuse. D'après le conseil de Mgr
Devie, il ferma son établissement en attendant des jours
meilleurs, et accepta une place au château du baron Mon-
tillet de Champdor. Sa position dans cette maison était
celle d'un homme heureux selon le monde : une table
somptueuse, de beaux appartements, à peine une heure de
travail chaque jour, un bon salaire et bien d'autres avantages. Mais tout cela était loin de captiver son cœur. Au
milieu de ce bien-être, il était triste et rêveur ; il souffrait
comme le poisson jeté hors de son élément. Le baron de
Champdor, qui tenait à se l'attacher pour toujours, lui as-
sura, par un acte écrit et signé de sa main, des avantages pécuniaires considérables, et chercha à le gagner
par les discours les plus capables d'ébranler une vocation
moins prononcée. « Voyez, lui disait-il, le bel avenir que
vous aurez chez moi. Une honnête position vous est as-
surée pour le reste de vos jours. La refuseriez-vous pour
aller instruire des enfants qui ne vous paieront souvent
que d'ingratitude ? Que vous reviendra-t-il de former une
congrégation religieuse, sinon une infinité d'embarras
et de soucis, et une grande responsabilité ? Croyez-moi,
restez ici, où vous êtes heureux. » Mais non, le frère
Gabriel n'était pas heureux, parce que Dieu le destinait
à autre chose qu'à jouir de ces avantages matériels, tant
recherchés par le monde. Aussi les offres séduisantes du
baron ne firent-elles aucune impression sur son cœur, et
dès qu'il vit l'orage politique apaisé, il s'empressa de re-
venir à Belmont, pour se livrer tout entier à la réalisation
de son dessein.

Aussitôt que son pensionnat fut rouvert, les élèves y
accourent de nouveau. Quelques aspirants à la vie reli-

gieuse se présentèrent aussi, et furent admis à commencer leur noviciat. L'établissement suivit une marche
progressive. Mgr Devie, qui ne le perdait pas de vue, le
recommanda aux soins éclairés du digne curé de Belmont, M. Gache, qui fut aumônier de cette communauté
pendant une dizaine d'années, et lui donna une excel-
lente direction spirituelle. Le saint prélat se rendit plusieurs fois à Belmont, pour donner l'habit religieux aux
nouveaux frères et voir par lui-même quelles espérances
il pouvait fonder sur cet institut naissant. Il fut tellement
satisfait de tout ce que découvrit son œil scrutateur et
son esprit pénétrant, qu'il permit aux frères d'émettre les
vœux de religion, approuva la Règle que le frère Gabriel
avait préparée de longue main, l'admit lui-même à faire
des vœux perpétuels, et l'installa solennellement dans ses
fonctions de Supérieur.

De pieux ecclésiastiques, apprenant la formation de
cette Congrégation, se hâtèrent de demander de ses
membres pour leurs paroisses, et le frère Gabriel, heureux de pouvoir répondre aux désirs de quelques-uns,
leur envoya les premiers ouvriers qu'il avait formés.

L'année 1840 vit arriver à Belmont un grand nombre
de postulants; la maison devint insuffisante pour les
loger, ce qui fit concevoir au frère Gabriel le projet de
la vendre, pour en acquérir une autre, s'il était possible,
plus spacieuse et plus convenable, à Belley, dans la ville
épiscopale, où d'ailleurs l'attirait son affection filiale pour
l'Évêque qui le protégeait si puissamment. Il porta ses
vues sur l'ancien couvent des sœurs de Sainte-Marie (aujourd'hui la sous-préfecture) et il en fit l'acquisition par un
acte sous seing privé. Il s'occupait déjà d'y transporter sa
communauté lorsqu'il apprit une nouvelle qui le mit dans
un embarras inexprimable : une circonstance fâcheuse

avait fait annuler l'acte dont on vient de parler, de sorte qu'il se trouva sans asile, la maison de Belmont étant déjà vendue. Ses recherches les plus actives pour en trouver une autre n'eurent aucun succès, et cependant le moment était venu de céder celle de Belmont à son nouveau propriétaire.

Voilà donc le pauvre frère Gabriel sans abri pour lui et pour les siens. Il vient à Belley avec sa famille religieuse, qui doit y éprouver le sort de Marie et Joseph arrivant à Bethléem. N'est-il pas juste que la nouvelle Sainte-Famille marche dans la même voie que celle de Nazareth et de Bethléem, sous le patronage de laquelle elle s'est placée ? L'étable est ici remplacée par une étroite habitation que Mgr Devie lui prêta en attendant qu'on pût trouver une maison. C'est dans ce petit réduit, servant de jardin d'hiver, que la communauté, composée de plus de quarante personnes, dut demeurer pendant près d'un mois, subissant avec une admirable résignation cette épreuve de la divine Providence. Ce ne fut pas pour elle un médiocre encouragement que l'exemple de son digne Aumônier (1), qui, dans son dévouement, voulut bien se résigner à partager la gêne commune.

Notre bon Père Supérieur eut alors sous les yeux un spectacle bien consolant et bien propre à adoucir l'amertume de sa situation : je veux parler de la parfaite résignation et la constance inébranlable de tous ses enfants. Ceux d'entre nous qui y étaient se le rappellent avec édification : pas un frère ou un novice qui proférât la moindre plainte, le plus léger murmure ou une parole de découragement au milieu du malaise, de la gêne

---

(1) M. l'abbé Gourmand, actuellement curé de Neuville-les-Dames, dont nous n'oublierons jamais les précieux services.

extrême que l'on éprouvait le jour et la nuit. Ce bon esprit fit concevoir les plus hautes espérances de l'avenir de notre Congrégation naissante.

Notre R. P. Supérieur finit cependant par trouver une maison à acheter ; c'est la partie de notre maison actuelle réparée cette année. Elle était insuffisante, mais il espérait pouvoir y joindre, plus tard, les autres bâtiments et le clos qui y étaient contigus ; ce qu'il réalisa peu d'années après.

Jusqu'alors notre Congrégation n'avait été approuvée que par Mgr l'Evêque de Belley, et comme elle se répandait dans d'autres diocèses, notre R. P. Supérieur songea à en demander l'approbation au Souverain-Pontife. Muni des recommandations de Mgr Devie et de Mgr Billiet, Archevêque de Chambéry, il se rendit à Rome pour la solliciter. Sa demande fut accueillie par le Pape Grégoire XVI, et après un long et sérieux examen de la Congrégation des Evêques et Réguliers, Sa Sainteté accorda, le 28 août 1841, un bref par lequel Elle *approuve et confirme par son autorité apostolique la pieuse Société des frères de la Sainte-Famille,* en déclarant qu'Elle s'est *grandement réjouie dans le Seigneur de trouver un nouvel appui* dans les membres de cette Congrégation, *qui ont choisi la plus humble part; celle de former les enfants à la piété, de leur apprendre les premiers éléments des sciences, surtout d'être prêts à seconder MM. les Curés, et de se consacrer en outre, dans les lieux où ils seront appelés, à d'autres œuvres de religion et de charité* (1).

Notre R. P. Supérieur fut comblé de joie en voyant sa Congrégation recevoir la plus haute sanction que puisse obtenir une œuvre, celle d'être reconnue et approuvée par

______

(1) Extrait du bref d'approbation.

l'Eglise. La pensée lui vint alors de la faire reconnaître aussi par le roi de Sardaigne, sous le gouvernement duquel était la Savoie, où nous avions déjà un certain nombre d'établissements. Sa démarche fut couronnée d'un plein succès. Le roi Charles-Albert l'accueillit avec bonté, et donna à l'Institut des frères de la Sainte-Famille une existence légale dans les Etats-Sardes, par des lettres-patentes du 31 mai 1842.

L'année suivante, le frère Gabriel obtint du même Souverain, comme complément de la reconnaissance légale, la dispense du service militaire pour les sujets sardes faisant partie de notre Congrégation. A cette occasion, il donna une nouvelle preuve de sa constance dans ses entreprises et de la forte trempe de son caractère. Comme il se rendait à Turin pour cet effet, un personnage haut placé et tout-à-fait bienveillant voulut d'abord le retenir à Chambéry et l'empêcher de faire ce voyage. Le frère Gabriel, malgré son respect pour ce conseiller, se sentit porté à passer outre. Les mêmes représentations lui furent faites avec la même bienveillance, mais sans plus de succès, à Saint-Jean-de-Maurienne. Une voix intérieure semblait lui crier toujours : Va, et mets ta confiance en Dieu. Arrivé à Turin, deux ministres qu'il connaissait et à qui il fit part du but de son voyage, lui dirent que le mieux pour lui était de s'en retourner tout de suite. Ce n'était point l'hostilité, mais le désir d'être utile qui portait toutes ces personnes à détourner le frère Gabriel de faire sa demande ; elles voulaient lui épargner un échec inévitable, regardant comme impossible d'obtenir, pour cette concession, le consentement du ministre de la guerre, dont les sentiments hostiles pour les choses de cette nature leur étaient parfaitement connus. Mais Dieu, qui tient entre ses mains les cœurs de tous les hommes,

et qui les dispose à son gré pour l'accomplissement de
ses desseins, changea complètement celui de ce ministre.
Dans la première audience qu'il accorda au frère Gabriel,
il accueillit par ces paroles la demande qui lui était
présentée : « Vos frères font trop de bien pour qu'on leur
refuse la faveur que vous sollicitez. Soyez tranquille, je
serai votre avocat auprès du Roi et du conseil d'Etat, et
votre demande vous sera accordée. » C'est ce qui eut
lieu en effet.

Les priviléges obtenus de Rome et de Turin en faveur
de notre Congrégation ne furent pas sans fruits pour elle.
Ils lui donnaient une existence dans l'Eglise et dans la
société civile ; ils assuraient son avenir. Aussi est-ce prin-
cipalement de ce temps que datent les progrès rapides
qu'elle a faits et qui lui ont permis de s'étendre dans plusieurs diocèses. Des sympathies plus nombreuses lui
furent dès lors acquises, et les encouragements de per-
sonnages éminents en science et en sainteté ne firent pas
défaut à notre vénéré Fondateur. Il serait trop long de
nommer tous ceux qui daignèrent lui témoigner l'intérêt
qu'ils portaient à son œuvre ; je me reprocherais ceper-
dant de ne pas payer ici un juste tribut de reconnaissance
à Mgr Billiet, Archevêque de Chambéry, décoré aujour-
d'hui de la pourpre romaine, qui aida souvent notre Fondateur de ses sages conseils, de sa grande expérience et
de son puissant crédit ; à Mgr Chalandon, Archevêque
d'Aix, Arles et Embrun, qui, pendant qu'il gouverna le
diocèse de Belley, faisait revivre à nos yeux son vénérable
prédécesseur, témoignant à notre Congrégation la même
affection, le même dévouement, sentiments qu'il veut bien
nous conserver encore ; au saint Curé d'Ars, notre insigne bienfaiteur, qui n'oubliera pas au ciel une Congrégation dont l'éternel honneur sera de lui avoir fourni des

frères pour instruire les enfants de sa paroisse, l'assister dans son église, prendre soin de lui dans ses derniers moments et veiller auprès de sa tombe. Notre gratitude ne doit pas être moindre pour le pieux Evêque que le diocèse de Belley a le bonheur de posséder. Dès le commencement de son épiscopat, Mgr de Langalerie nous a témoigné une bonté toute paternelle, dont nous aurons à cœur de nous rendre de plus en plus dignes. Heureux s'il nous est donné, en faisant quelque bien, de lui offrir la meilleure et seule récompense qu'il puisse attendre de nous.

Il ne suffisait pas à notre digne Fondateur de voir son œuvre constituée, affermie et protégée, son zèle brûlant et actif le poussait encore à réaliser une pensée qu'il nourissait depuis longtemps, celle de rendre à la religion l'ancienne abbaye de Tamié, en Savoie. En 1856, il fit à ce sujet des ouvertures à Mgr l'Archevêque de Chambéry. Cet illustre prélat, ayant entendu l'exposé que notre vénéré Supérieur lui fit de ses projets sur Tamié, lui céda cette maison, qui appartenait à l'Administration diocésaine. Aussitôt notre R. P. Supérieur s'occupa d'y faire les travaux de restauration nécessaires pour y établir un pensionnat.

Cet établissement fut ouvert en 1858, et il était en pleine prospérité lorsque cette maison changea tout-à-coup de destination. Elle avait appartenu autrefois aux religieux de l'ordre de Cîteaux. Le R. P. Abbé de la Trappe de la Grâce-Dieu, au diocèse de Besançon, ayant exprimé le désir qu'avait son ordre de rentrer en possession de cette abbaye, et ayant député plusieurs fois des religieux de sa communauté pour venir traiter cette affaire, notre R. P. Supérieur crut devoir se rendre à des désirs si respectables à tous égards. Mais il éprouva une émo-

tion profonde en quittant cette maison devenue l'objet de
sa prédilection, et en voyant les regrets unanimes que
notre départ causait aux religieux habitants de ce pays,
qui appréciaient l'avantage de posséder cet établissement
d'éducation au milieu d'eux.

Ces dernières années, notre bon Père Supérieur a
donné ses soins à l'agrandissement des bâtiments de notre
Maison-Mère, et il s'en occupait encore avec activité lorsqu'il a succombé, épuisé par les fatigues d'une vie trop
laborieuse.

Qui pourrait dire tout ce qu'il lui a fallu d'énergie pour
arriver au but qu'il eut en vue dès sa jeunesse et dont il
ne se détourna jamais un instant? Ils sont rares, les
hommes capables de parvenir, sans posséder préalable-
ment la moindre ressource, à la création d'une œuvre
comme celle qui est due à son zèle infatigable. Une telle
tâche apporte à celui qui a l'héroïque courage de l'accep-
ter, des soucis accablants, des embarras de tous genres,
des occupations multipliées, qui ne lui laissent aucun
repos. C'est cette tâche que notre R. P. Supérieur a noble-
ment accomplie. Elle a été d'autant plus pénible pour lui
qu'habitué, dès le principe, à tout faire par lui-même,
il n'aurait pu consentir à être déchargé d'une partie du
fardeau, devenu dans la suite beaucoup plus pesant.

La correspondance absorbait la plus grande partie de ses
moments. Il en trouvait cependant encore pour travailler à
des ouvrages destinés, les uns pour les écoles, les autres
pour l'usage des fidèles. Celui qui lui a coûté le plus de
veilles et de sueurs, est sans contredit le *Guide* ou
Règle *des Frères de la Sainte-Famille*, ouvrage dans lequel il a tracé les règles de notre Congrégation Ce livre
est bien le plus précieux héritage qu'il pût nous laisser.
Suivons fidèlement les règles et les enseignements pleins

de sagesse qu'il nous y donne, et nous sommes sûrs de ne jamais dévier du droit chemin. Nous possédons aussi un précieux trésor dans les circulaires qu'il nous adressait chaque année pour nous appeler à la retraite. Conservons-les avec respect et relisons-les ; elles sont bien propres à nous maintenir dans l'esprit de notre saint état.

La visite de nos établissements lui causait aussi de grandes fatigues. Il ne se ménageait point dans ses courses. On l'a vu faire jusqu'à quinze et même dix-huit lieues en un jour. Il avait à peine fini dans un établissement, qu'il se mettait en route pour un autre; aussi vous plaigniez-vous souvent de la brièveté de ses visites, qui vous procuraient néanmoins tant de joie et de consolations.

La foi était le principe et le mobile de toutes ses actions et de toutes ses démarches, et la prière était toute sa force et sa ressource. Entreprenait-il un travail difficile, l'examen d'une question ardue, il invoquait avec ferveur les lumières de l'Esprit saint. Se trouvait-il dans quelque embarras ou manquait-il du nécessaire, il priait, il faisait prier la Communauté, réciter de nombreux *pater*. Il répétait souvent que la formation et l'existence de notre Congrégation est due à la prière. Il avait l'habitude, avant chacun de ses actes, de diriger son intention à la gloire du Père, et du Fils et du Saint-Esprit. Après la gloire de Dieu, le salut des âmes était le but vers lequel tendaient tous ses efforts. Souvent nous lui avons entendu dire : « Quand je n'aurais empêché qu'un seul péché mortel dans ma vie, je serais content; » et il éprouvait une joie indicible à penser qu'il en avait empêché un grand nombre, en éloignant du monde tant d'âmes qui s'y seraient peut-être perdues, et en procurant, par le moyen de ses frères, une éducation chrétienne à des milliers d'enfants. C'est à sa piété qu'est due l'érection de la confrérie de sainte Anne dans sa pa-

roisse natale, où il a eu la satisfaction de former un établissement de nos frères cette année.

Enfin on peut dire en toute vérité que notre digne Père
Supérieur a consumé sa vie à faire le bien, et qu'il ne s'est
arrêté qu'à son dernier soupir, car, même sur son lit de
douleur, il voulait encore être mis au courant de tout ce
qui concerne l'administration de la Congrégation, et il
traçait, de là, ses ordres toujours pleins de prudence et
de sagesse.

Dès le mois de juillet dernier, nous avions la douleur de
remarquer chez lui un dépérissement qui, pour être peu
sensible, n'annonçait pas moins quelque dérangement
dans cette si forte organisation. Les aliments n'étaient
plus pris en quantité suffisante pour soutenir ses forces,
qui diminuaient chaque jour. L'époque de la retraite ar-
riva avec son cortége de fatigues pour notre bon Père,
et il voulut, malgré son état de faiblesse, se livrer à
tous ses travaux ordinaires dans cette circonstance. Mais
vous savez, très-chers Frères, comment, au milieu de
la première séance qu'il tint pour opérer les mutations à
faire dans nos établissements, ses forces le trahirent,
et qu'il fut contraint de se mettre au lit.

Quelle ne fut pas votre affliction d'être obligés de partir
sans vous procurer la si douce satisfaction de le voir, pour
lui demander sa paternelle bénédiction et ses sages conseils ! Mais que n'eût-elle pas été si vous eussiez eu la
certitude que vous ne le reverriez plus !

Longtemps nous avons conservé l'espérance que Dieu,
touché de nos prières, lui rendrait la santé, et que notre
chère Congrégation le garderait bien des années encore.
Souvent dans les lettres que vous avez reçues de la Maison-
Mère, vous avez trouvé l'expression de cet espoir, qui por-

tait dans votre âme un baume consolateur. Oh! trompeuses espérances, avec quelle rapidité vous vous êtes évanouies!

L'altération de cette chère santé allait toujours progressant, quoique d'une manière peu sensible d'abord, et toutes les ressources de l'art n'obtenaient aucun résultat satisfaisant. Ni les témoignages de l'affection dont l'honorait notre saint Evêque, ni les sympathies de tous les membres du clergé de Belley et de tous ses amis, ni la tendresse de ses enfants spirituels et leurs prières les plus ardentes ne devaient arrêter le mal, qui se mit à empirer plus sensiblement.

Avant de partir pour la tournée pastorale qu'il fait dans ce moment, Monseigneur vint le voir une dernière fois, pria à genoux pour sa guérison et lui donna sa bénédiction. Cette visite si paternelle laissa notre cher malade rempli des plus douces consolations. Sa Grandeur voulut bien ensuite le recommander aux prières du clergé de Belley, des communautés religieuses du diocèse et de beaucoup d'autres personnes pieuses. Alors de tous côtés s'élevèrent au ciel des prières et des vœux pour la conservation de notre bon Père. Mais sa tâche était remplie, la mesure de ses mérites était comble, le temps était venu pour lui d'aller recevoir la récompense, et le Ciel allait exiger de nous un grand sacrifice.

Notre digne Supérieur ne se faisait point illusion sur son état, et il offrait généreusement à Dieu le sacrifice de sa vie. Jamais il ne voulut s'unir à nous dans les prières que nous faisions pour son rétablissement. Quand on l'invitait à le faire, il disait: « Tout ce que je demande, c'est que la volonté de Dieu s'accomplisse en moi; je ne réciterais pas seulement un *ave, Maria* pour obtenir ma guérison.» Il voyait approcher sa fin avec la paix et la tranquillité du juste, et il en parlait avec un calme admirable.

Un jour il nous disait : « Il ne faut point redouter la mort, puisque c'est elle qui nous envoie au ciel, où nous aurons le bonheur de voir Jésus, notre bon Maître et Sauveur. » De temps en temps il se faisait réciter les *Litanies de la bonne mort*, et se livrait de toute son âme aux beaux sentiments qui y sont exprimés d'une manière si touchante.

Le vendredi 18 de ce mois, il reçut les derniers sacrements entouré de toute la Communauté. Nous n'oublierons jamais les sentiments de foi vive et de tendre piété qu'il manifesta dans cette attendrissante cérémonie. Lorsqu'il en vint à nous demander pardon à tous des peines qu'il aurait pu nous causer dans le cours de sa vie et du peu d'édification qu'il supposait nous avoir donné, les sanglots éclatèrent et nos larmes coulèrent avec abondance.

Le mardi 22, il reçut avec de visibles sentiments de contrition l'indulgence plénière à l'article de la mort, et il dit ensuite d'une voix attendrie : « Oh ! que de faveurs le bon Dieu m'a accordées ces jours-ci sur mon lit de douleurs ! Je l'en remercie de toute mon âme. » Plusieurs autres fois on l'a encore entendu exprimer les sentiments de profonde reconnaissance qui débordaient de son cœur.

Dans la journée du 23, il se trouva plus fatigué ; la respiration devint difficile ; il voyait lui-même que sa fin approchait, et il le disait tranquillement. Un moment, reportant sa pensée sur tous ses enfants spirituels répandus en divers lieux : « Que ne sont-ils tous là, ces bons frères, pour que je les voie encore une fois et que je leur donne à tous une dernière bénédiction ! » Quelques moments après, il reprit : « Je bénis mes frères à chaque instant ; puissent ces bénédictions leur porter bonheur ! »

A l'approche de la nuit, un malaise plus prononcé se faisait apercevoir, et il continua pendant la nuit sans paraître augmenter. A 3 heures et demie du matin, le 24, notre bien-aimé Père rendait son âme à Dieu, sans agonie, comme un homme qui s'endort.

Après être restée dans une chapelle ardente pendant les journées du jeudi et du vendredi, sa dépouille mortelle a reçu la sépulture samedi 26. Le Chapitre de la cathédrale lui a spontanément décerné cet honneur, témoignage d'estime et d'affection auquel ont bien voulu s'associer MM. les professeurs du Petit Séminaire, les RR. Pères Maristes, les autres congrégations religieuses, les notabilités de la ville et une grande partie de la population. Plusieurs de nos frères du voisinage, ayant pu être avertis à temps, sont venus confondre leurs larmes avec les nôtres et rendre les derniers devoirs à notre bien-aimé Père.

Faut-il, bien-aimés Frères, vous parler encore de la douleur qui nous a accablés en ce jour de deuil ? Il me serait impossible de trouver des expressions qui puissent en rendre toute l'étendue, surtout au moment où il fallut nous éloigner de cette tombe où nous venions de déposer les restes mortels de notre digne Fondateur.

Mais au milieu de l'affliction profonde où nous laisse cette perte cruelle, sachons, très-chers Frères, entrer dans des sentiments de résignation et de conformité à la sainte volonté de Dieu, et avec ce patriarche modèle accompli de patience, dont parle l'Ecriture, répétons ces belles paroles : *Le Seigneur nous l'avait donné ; le Seigneur nous l'a ôté ; la volonté de Dieu s'est accomplie ; que son saint nom soit béni.* Notre douleur doit aussi être adoucie par la pensée que notre vénéré Père jouit de la récompense méritée par une vie si pleine de bonnes œuvres, et que nous le reverrons un jour dans la gloire, pour ne plus nous séparer de lui. C'est là qu'il est allé nous attendre et qu'il nous appelle tous ; c'est de là qu'il intercèdera sans cesse pour nous auprès du trône du Tout-Puissant.

Il ne respira que pour nous tandis qu'il fut sur la terre ; au ciel pourrait-il nous oublier ?

Que désormais, très-chers Frères, notre plus grande attention soit d'être de plus en plus fidèles à suivre les saintes règles qu'il nous a laissées et les sages avis qu'il nous a si souvent donnés. Montrons-nous dignes de lui, par notre attachement à sa chère Congrégation ; par notre union inviolable et notre charité vraiment fraternelle, et par notre zèle dans l'accomplissement de tous nos devoirs religieux. Conservons dans nos cœurs le souvenir de ses bienfaits jusqu'à notre dernier soupir ; restons fermes, fidèles et dévoués chacun dans l'emploi qu'il nous a confié, et n'oublions jamais que le meilleur moyen d'honorer sa mémoire, c'est de nous montrer de parfaits religieux, menant une conduite vraiment digne du beau nom de *Frère de la* SAINTE-FAMILLE.

Vous trouverez à la suite de cette lettre le *Testament spirituel* de notre Père bien-aimé. C'est une magnifique expression de la charité dont il brûla pour nous et de la vive foi qui anima toute sa vie.

Veuillez, très-chers Frères, recevoir l'assurance de mes sentiments affectueux et dévoués en Jésus, Marie et Joseph.

Belley, en notre Maison-Mère, le 26 novembre 1864.

**FRÈRE AMÉDÉE,**
*Vice-Supérieur.*

# TESTAMENT SPIRITUEL

## DE

# GABRIEL TABORIN,

*Supérieur-Général et Fondateur de la pieuse Association
des Frères de la Sainte-Famille, et ses derniers avis à
sa Communauté.*

Au nom de la Très-Sainte Trinité, Père, Fils et Saint-Esprit, un seul Dieu en trois personnes.

Je soussigné, GABRIEL TABORIN, fondateur et premier Supérieur-Général de la pieuse Association des Frères de la Sainte-Famille, dont le siége est à Belley, incertain de l'heure de ma mort, considérant cependant qu'il me reste peu de temps à vivre et que le jour de l'éternité approche; humblement prosterné aux pieds de la souveraine majesté de Dieu, créateur et conservateur de toutes choses, souverain juge des vivants et des morts, et après avoir invoqué avec de grands sentiments de foi et de confiance l'assistance du Saint-Esprit, de la Sainte-Famille, Jésus, Marie, Joseph, et celle de mon saint Ange gardien et de mon saint Patron, j'ai fait, pour la plus grande gloire de Dieu, le présent testament spirituel, afin de faire connaître les grâces dont le Seigneur a daigné me combler, et quelles sont mes dispositions à l'égard de la Religion et de ma très-chère Association; et j'ai divisé ce testament en trois paragraphes.

## § Ier.

J'atteste, avec de grands sentiments de reconnaissance envers la bonté divine, que j'ai eu le bonheur d'appartenir à des parents chrétiens, qui m'ont élevé dans des principes religieux. Je les en remercie de tout mon cœur, et prie Dieu de les en récompenser dans le ciel, où j'ai la douce et consolante pensée qu'ils sont placés, et où j'espère les aller rejoindre, ainsi que nos bons Frères de la Sainte-Famille qui m'ont précédé dans la tombe et au jugement de Dieu.

Je déclare que, dès ma plus tendre jeunesse, je sentais des inclinations toutes particulières pour la vie religieuse ; je n'aspirais qu'après le moment où je pourrais avoir le bonheur de me consacrer à Dieu dans ce saint état. Devenant religieux, je devais certainement être le dernier de tous dans une communauté, vu mon indignité, mon peu de talent et de science ; je ne me serais jamais imaginé que la Providence, en laquelle j'ai toujours eu la plus grande confiance, et qui m'a toujours assisté d'une manière visible, aurait choisi un si faible instrument pour former une Congrégation religieuse que le Souverain-Pontife a daigné approuver, et pour l'amener, avec l'aide de Dieu, au point où elle est aujourd'hui. J'en rapporte toute la gloire à ce Dieu de bonté, et je le remercie très-humblement d'avoir bien voulu me confier une telle mission. Il est vrai qu'il m'avait donné un aide puissant dans l'illustre et vénérable Evêque de Belley, Mgr Devie, de glorieuse et sainte mémoire, notre digne père en Dieu, et dont les sages conseils furent toujours pour moi comme des oracles.

Je déclare aussi que, depuis ma plus tendre jeunesse jusqu'à ce jour, le Seigneur a daigné me combler de grâces innombrables. Hélas ! je n'y ai peut-être pas toujours assez correspondu ; je m'en humilie profondément devant lui, et lui en demande bien pardon, le priant d'avoir plutôt égard à ma faiblesse qu'à ma malice. S'il

m'est donné de vivre encore quelque temps après avoir
tracé cet écrit, je le supplie de vouloir bien me continuer
jusqu'à mon dernier soupir les grâces dont il n'a cessé
de me combler, tant dans l'ordre spirituel que dans
l'ordre temporel; je lui promets du fond de mon cœur de
m'en rendre moins indigne que je ne l'ai fait jusqu'à
présent : telle est ma plus grande et plus sincère réso-
lution.

Je remercie bien tous ceux dont je suis devenu le père
et le Supérieur en religion, de la patience et de l'indulgence qu'ils ont eues de supporter mes défauts, et de
me garder si longtemps pour leur chef. Je leur demande,
ainsi qu'à tous ceux qui m'ont connu et avec qui j'ai
vécu, qu'ils veuillent bien excuser les manquements
qu'ils auront pu remarquer en moi.

Je crois avoir toujours eu des intentions droites et
pures dans mes entreprises et dans ma conduite; mais
s'il y avait eu quelque chose de défectueux aux yeux de
Dieu sur ce point, je le prie bien de me pardonner.

## § II,

Je désire mourir dans la Religion catholique, apostolique et romaine, à laquelle j'ai toujours été profondément
attaché, ainsi qu'au Souverain-Pontife. Toute ma vie j'ai
profondément révéré tout ce qu'elle enseigne.

Je confesse à la face du ciel et de la terre que je n'ai
jamais eu de doute contraire à la foi. J'ai constamment
aimé du fond de mon cœur notre sainte Religion, et
j'aurais versé mon sang pour elle si quelque circonstance
m'y avait obligé. J'ai toujours remarqué que sans elle
l'homme ne peut être heureux ni en cette vie ni en l'autre,
et que, hors de son sein, il n'y a point de salut.

Je fais de bon cœur le sacrifice de ma vie par amour

pour Dieu et en expiation de mes péchés. Je quitterai la terre sans regret, parce qu'elle est couverte de misères et de péchés, et qu'elle est un exil qui nous sépare de notre véritable patrie. J'engage aussi nos bons Frères à s'en détacher, et à n'aspirer que vers la sainte Sion, demeure des Elus.

Je vois que je deviens un serviteur inutile; mais si Dieu, dont les décrets sont impénétrables, veut encore m'occuper quelque temps ici-bas, je lui dirai avec saint Paul : Seigneur, je ne refuse point le travail. Ah! puissé-je n'avoir jamais travaillé que pour sa gloire et pour mon salut! C'est bien là la fin pour laquelle j'ai été appelé à la vie religieuse.

Lorsqu'il plaira à Dieu de me retirer de ce monde, je le prie très-instamment, par les mérites de son Fils adorable et par ceux de la très-sainte Vierge, d'oublier les péchés que la fragilité humaine aurait pu me faire commettre. Je le prie de recevoir mon âme dans le sein de sa miséricorde, après avoir été fortifié par les derniers sacrements de l'Eglise, que je désire recevoir avant d'être à l'extrémité, afin qu'ils produisent en moi les grâces abondantes qui y sont attachées quand on les reçoit avec de saintes dispositions.

Je demande aussi très-humblement pardon à toute ma Communauté, ainsi qu'à ceux que j'aurais pu offenser ou scandaliser en quelque manière. Je pardonne moi-même de bon cœur à tous ceux qui m'ont offensé et à ceux qui ont pu me faire quelque tort. Je remets mon âme et mon salut entre les mains de Dieu, mon créateur et ma dernière fin.

Quant à ma dépouille mortelle, je désire qu'on la confie à la terre avec les cérémonies de l'Eglise, et en observant les règles et usages tracés dans l'Association de la Sainte-Famille pour la sépulture de ses membres.

Je désire qu'aussitôt après mon décès, le très-honoré Vice-Supérieur de l'Association donne, de concert avec le Conseil de la Maison-Mère, connaissance de ma mort à tous mes bien-aimés Frères de la Sainte-Famille, ainsi que du présent testament, et qu'il leur ordonne des prières pour le repos de mon âme, comme il est prescrit au chapitre vingt-sixième de notre sainte Règle.

Si Dieu me fait la grâce d'aller au ciel, je n'oublierai pas, dans le repos de la gloire éternelle, la chère Communauté de la Sainte-Famille, ni ceux qui en ont été les protecteurs et les bienfaiteurs. Je n'oublierai pas non plus mes chers parents et mes amis; je prierai aussi pour mes confesseurs et pour ceux qui ont été mes Supérieurs sur la terre; enfin je prierai pour la France, ma chère patrie, et pour le pays qui m'a vu naître. Telles sont mes intentions; je demande à Dieu la grâce de pouvoir les exécuter dans le séjour des Bienheureux; puissent mes œuvres me mériter ce bonheur; je l'attends aussi de la protection de la très-sainte Vierge, en qui j'ai toujours eu une très-grande confiance et une dévotion toute particulière. Je la prie bien de m'assister quand la mort fermera mes yeux.

### § III.

Je donne à Dieu et je consacre à la très-sainte Vierge les Frères de la Sainte-Famille, dont le Seigneur a bien voulu me faire le père et le Supérieur.

Je leur lègue, à ces dignes enfants, qui me sont tous si chers, le *Guide* dit *des Frères de la Sainte-Famille*, qui renferme les Règles que Dieu m'a inspiré de leur tracer. Je leur recommande de les observer avec une grande fidélité, parce que c'est en elles qu'ils trouveront la vie et le bonheur. Ah! s'ils s'en déviaient, ils perdraient bien vite l'esprit de leur état, et ils s'exposeraient à perdre aussi leur sainte vocation; et alors, loin de faire le bien qu'on a lieu d'attendre d'eux, ils ne feraient, hélas! que le mal, et se perdraient, en offensant le Dieu de bonté qui les a comblés, comme moi, de tant de grâces, surtout en les séparant du monde, où il y a tant d'écueils pour le salut.

Dès que Dieu m'aura retiré de ce monde, et aura montré, par ma mort, que les rênes de la Congrégation doivent être confiées à une autre main, les membres du Chapitre devront s'empresser de choisir un autre Supérieur, qui soit selon le cœur de Dieu, qui puisse achever et perfectionner ce que j'ai commencé avec tant de peines et de combats sans pourtant, grâces à Dieu, m'être jamais découragé. Je leur recommande de respecter leur nouveau Supérieur, et de le regarder comme leur père et leur meilleur ami.

Pour ne gêner le vote de personne et ne pas contrevenir à la Règle, je ne nomme point moi-même mon successeur; mais j'invite les Frères de l'Association qui sont appelés, par leur rang, à l'élire, à ne rien faire à cet égard sans consulter Dieu, par la prière, et Mgr l'Evêque de Belley.

Je prie le Seigneur que mon successeur répare mes manquements; qu'il fasse ce que je n'ai pu ou su faire pour le bien; qu'il maintienne nos Règles intactes et les fasse observer; qu'il soit pour tous un bon père, un homme de foi, et qu'il rappelle souvent le repos de mon âme aux prières de notre chère Communauté.

Je recommande à tous nos Frères, par l'amour et par l'intérêt que je n'ai cessé de leur porter à tous, de s'entreaimer toute leur vie et de s'édifier les uns les autres. Combien je désire, ainsi que je l'ai exprimé bien des fois, qu'ils se tiennent tous constamment dans l'humilité et dans l'état de grâce, qu'ils soient des hommes de prière, qu'ils aiment et chérissent par-dessus tout Dieu, leur Règle et leur Supérieur. Je leur recommande de chérir particulièrement la pureté, l'obéissance et la sainte pauvreté; d'être stables dans le bien et dans leur sainte vocation; d'être patients dans les peines de la vie, de les supporter avec résignation, à l'exemple de notre divin Sauveur. Je leur recommande aussi, comme un grand moyen de sanctification, de penser souvent aux fins dernières, de haïr le péché et de le faire haïr. Je les exhorte à aimer les enfants en Dieu et pour Dieu, à les instruire avec un saint zèle, mais avant tout à les former dans les principes de notre belle et sainte Religion, à leur faire aimer la vertu et à leur en donner constamment l'exemple.

Je leur recommande encore d'avoir le plus grand respect pour les Oints du Seigneur, et pour tous ceux qui seront chargés de leur conduite.

Enfin je leur recommande d'être les soutiens fidèles et constants de leur chère Congrégation, d'en remplir le but avec piété et zèle, de l'honorer par leur bonne conduite et de porter partout la bonne odeur de Jésus-Christ.

En terminant cet acte, qui est mon vrai testament spirituel, écrit de ma propre main, je prie bien humblement le Seigneur de l'avoir pour agréable, et de m'accorder la grâce insigne de mourir de la mort du juste, afin que, lorsque mon âme sera sortie de ce monde, elle vive en Dieu, et que toutes les offenses qu'elle a commises lui soient pardonnées, par les effets de son infinie miséricorde.

Je sais que, pour obtenir la grâce d'une sainte mort, il faut s'y préparer avec grand soin par une vie sainte, surtout par une vraie mort à soi-même. C'est à quoi je vais m'appliquer tout le temps qui me reste à passer sur la terre, c'est-à-dire à mourir à mes sens, à mes passions, à mes inclinations mauvaises, et à tout ce qui pourrait me causer de la peine à la mort.

O Jésus! souverain Juge des vivants et des morts, vous serez alors en effet mon Juge; mais à présent vous êtes encore mon Sauveur et mon Père; ayez pitié de ma pauvre âme; je veux la sauver; oh! disposez-la donc, je vous en prie très-humblement, à paraître un jour devant vous. Et vous, ô Vierge immaculée! divine Marie, mère de mon Dieu, protégez-moi surtout dans ces derniers moments qui doivent décider de mon sort éternel.

Seigneur tout-puissant, Dieu d'Israël, écoutez encore la prière que je vous adresse, et que je désire vous adresser éternellement pour la chère Congrégation que vous m'avez confiée et que je remets entre vos mains. Faites qu'elle soit votre œuvre et non la mienne; protégez-là; prenez soin d'elle en tous temps et en tous lieux; ne l'abandonnez pas à la puissance des ennemis qu'elle pourrait avoir; pourvoyez sans cesse à ses besoins, et faites qu'elle procure votre gloire, sous votre main protectrice. Soyez favorable, ô mon Dieu, à tous les Frères et Novices de cette chère Société; répandez sur chacun d'eux vos grâces les plus abondantes; augmentez en eux la foi, l'espérance et la charité; donnez-leur une vive horreur du péché et un repentir sincère de ceux qu'ils ont commis, et dont je pourrais peut-être avoir été la cause par mes exemples ou par mon manque de vigilance; faites qu'ils aient le vice en horreur, qu'ils aiment leur vocation, qu'ils y soient fidèles, qu'ils s'y sanctifient et travaillent à sanctifier les autres; rendez-les tous contents et heureux en cette vie et en l'autre : telle est la prière, ô mon

Dieu, que vous adresse, avec une vive ardeur, le plus pauvre des religieux, le plus indigne des Supérieurs; écoutez-la, Seigneur, du haut du trône de votre divine majesté, et bénissez ceux pour qui je vous l'adresse humblement, au nom du Père, et du Fils, et du Saint-Esprit. Ainsi soit-il.

Belley, en notre Maison-Mère, le 25 août 1864.

*Signé*, Frère GABRIEL,

Supérieur-Général des Frères de la Sainte-Famille.

Belley, LEGUAY, Imprimeur.